大方廣佛華嚴經 寫經

45

❀ 일러두기

1. 『사경본 한글역 대방광불화엄경』은 『독송본 한문·한글역 대방광불화엄경』에 수록된 한글역을 사경하는 데 편의를 도모하기 위해 편집을 달리하여 간행한 것이다.

2. 『독송본 한문·한글역 대방광불화엄경』은 실차난타가 한역(695~699)한 80권 『대방광불화엄경』의 한문 원문과 한글역을 함께 수록한 것이다. 한문 저본은 고종 2년(1865) 월정사에서 인경한 고려대장경 『대방광불화엄경』이다.

3. 한글 번역은 동국역경원에서 발간한 한글 『대방광불화엄경』(운허)을 중심으로 하고 『신화엄경합론』(탄허)과 『대방광불화엄경 강설』(여천무비) 그리고 최근의 여타 번역본 등을 참조하였다.

4. 한글 번역은 독송과 사경을 위하여 정확성과 아울러 가독성을 고려하였다. 극존칭은 부처님과 불경계에 대해서만 사용하였다.

5. 사경본의 차례는 일러두기 → 한글역 본문 → 화엄경 목차 → 간행사이며 80권 『대방광불화엄경』의 권별 목차 순으로 독송본과 함께 간행한다. (법공양판에는 간행사 다음에 간행불사 동참자를 밝혀 두었다.)

사경본 한글역

대방광불화엄경 제45권

수미해주

大方廣佛華嚴經第四十五卷經相

대방광불화엄경 제45권 변상도

대방광불화엄경

제45권

30. 아승지품

——————— 은(는) 『대방광불화엄경』을

사경하는 인연공덕으로

『화엄경』이 널리 유통되고

우리 모두 다함께 보리 이루기를 발원하옵니다.

대방광불화엄경
제45권

30. 아승지품

그때에 심왕 보살이 부처님께 말씀
드렸다.

"세존이시여, 모든 부처님 여래께
서 아승지와 한량없음과 가없음과
같음이 없음과 셀 수 없음과 일컬을
수 없음과 생각할 수 없음과 헤아릴

수 없음과 말할 수 없음과 말할 수
없이 말할 수 없음을 연설하십니다.
　세존이시여, 어떤 것이 아승지이
며, 내지 말할 수 없이 말할 수 없는
것입니까?"

　부처님께서 심왕 보살에게 말씀하
셨다.
　"훌륭하다, 훌륭하다. 선남자여,
그대가 지금 모든 세간으로 하여금
부처님께서 아시는 수량의 뜻에 들
게 하기 위하여 여래 응정등각에게

묻는구나. 선남자여, 자세히 듣고 자세히 들어서 잘 생각하라. 마땅히 그대를 위하여 설하리라."

그때에 심왕 보살이 "예! 가르침을 받겠습니다."라고 대답하였다.

부처님께서 말씀하셨다.

"선남자여,
일백 락차가 한 구지이고,
구지씩 구지가 한 아유다이고,
아유다씩 아유다가 한 나유타이고,

나유타씩 나유타가 한 빈바라이고,

빈바라씩 빈바라가 한 긍갈라이고,

긍갈라씩 긍갈라가 한 아가라이고,

아가라씩 아가라가 한 최승이고,

최승씩 최승이 한 마바라이다.

마바라씩 마바라가 한 아바라이고,

아바라씩 아바라가 한 다바라이고,

다바라씩 다바라가 한 계분이고,

계분씩 계분이 한 보마이고,

보마씩 보마가 한 녜마이고,

녜마씩 녜마가 한 아바검이고,

아바검씩 아바검이 한 미가바이고,

미가바씩 미가바가 한 비라가이고,

비라가씩 비라가가 한 비가바이고,

비가바씩 비가바가 한 승갈라마이고,

승갈라마씩 승갈라마가 한 비살라
이다.

비살라씩 비살라가 한 비섬바이고,

비섬바씩 비섬바가 한 비성가이고,

비성가씩 비성가가 한 비소타이고,

비소타씩 비소타가 한 비바하이고,

비바하씩 비바하가 한 비박지이고,

비박지씩 비박지가 한 비카담이고,

비카담씩 비카담이 한 칭량이고,

칭량씩 칭량이 한 일지이고,

일지씩 일지가 한 이로이고,

이로씩 이로가 한 전도이고,

전도씩 전도가 한 삼말야이고,

삼말야씩 삼말야가 한 비도라이다.

비도라씩 비도라가 한 해바라이고,

해바라씩 해바라가 한 사찰이고,

사찰씩 사찰이 한 주광이고,

주광씩 주광이 한 고출이고,

고출씩 고출이 한 최묘이고,

최묘씩 최묘가 한 니라바이고,

니라바씩 니라바가 한 하리바이고,

하리바씩 하리바가 한 일동이고,

일동씩 일동이 한 하리포이고,

하리포씩 하리포가 한 하리삼이고,

하리삼씩 하리삼이 한 해로가이고,

해로가씩 해로가가 한 달리보다이다.

달리보다씩 달리보다가 한 하로나
이고,

하로나씩 하로나가 한 마로다이고,

마로다씩 마로다가 한 참모다이고,

참모다씩 참모다가 한 예라다이고,

예라다씩 예라다가 한 마로마이고,

마로마씩 마로마가 한 조복이고,

조복씩 조복이 한 교만 여윔이고,

교만 여윔씩 교만 여윔이 한 부동이고,

부동씩 부동이 한 극량이고,

극량씩 극량이 한 아마달라이고,

아마달라씩 아마달라가 한 발마달라이다.

발마달라씩 발마달라가 한 가마달라이고,

가마달라씩 가마달라가 한 나마달라이고,

나마달라씩 나마달라가 한 해마달

라이고,

　해마달라씩 해마달라가 한 비마달
라이고,

　비마달라씩 비마달라가 한 발라마
달라이고,

　발라마달라씩 발라마달라가 한 시
바마달라이고,

　시바마달라씩 시바마달라가 한 예
라이고,

　예라씩 예라가 한 벽라이고,

　벽라씩 벽라가 한 체라이고,

　체라씩 체라가 한 게라이다.

게라씩 게라가 한 솔보라이고,

솔보라씩 솔보라가 한 니라이고,

니라씩 니라가 한 계라이고,

계라씩 계라가 한 세라이고,

세라씩 세라가 한 비라이고,

비라씩 비라가 한 미라이고,

미라씩 미라가 한 사라다이고,

사라다씩 사라다가 한 미로다이고,

미로다씩 미로다가 한 계로다이고,

계로다씩 계로다가 한 마도라이고,

마도라씩 마도라가 한 사모라이고,

사모라씩 사모라가 한 아야사이다.

아야사씩 아야사가 한 가마라이고,

가마라씩 가마라가 한 마가바이고,

마가바씩 마가바가 한 아달라이고,

아달라씩 아달라가 한 혜로야이고,

혜로야씩 혜로야가 한 벽로바이고,

벽로바씩 벽로바가 한 갈라파이고,

갈라파씩 갈라파가 한 하바바이고,

하바바씩 하바바가 한 비바라이고,

비바라씩 비바라가 한 나바라이고,

나바라씩 나바라가 한 마라라이고,

마라라씩 마라라가 한 사바라이다.

사바라씩 사바라가 한 미라보이고,

미라보씩 미라보가 한 자마라이고,

자마라씩 자마라가 한 타마라이고,

타마라씩 타마라가 한 발라마다이고,

발라마다씩 발라마다가 한 비가마

이고,

비가마씩 비가마가 한 오파발다이고,

오파발다씩 오파발다가 한 연설이고,

연설씩 연설이 한 무진이고,

무진씩 무진이 한 출생이고,

출생씩 출생이 한 무아이고,

무아씩 무아가 한 아반다이다.

아반다씩 아반다가 한 청련화이고,

청련화씩 청련화가 한 발두마이고,

발두마씩 발두마가 한 승지이고,

승지씩 승지가 한 취이고,

취씩 취가 한 지이고,

지씩 지가 한 아승지이고,

아승지씩 아승지가 한 아승지 제곱이고,

아승지 제곱씩 아승지 제곱이 한 무량이고,

무량씩 무량이 한 무량 제곱이고,

무량 제곱씩 무량 제곱이 한 무변이고,

무변씩 무변이 한 무변 제곱이고,

무변 제곱씩 무변 제곱이 한 무등
이다.

무등씩 무등이 한 무등 제곱이고,

무등 제곱씩 무등 제곱이 한 셀 수
없음이고,

셀 수 없음씩 셀 수 없음이 한 셀
수 없음 제곱이고,

셀 수 없음 제곱씩 셀 수 없음 제곱
이 한 일컬을 수 없음이고,

일컬을 수 없음씩 일컬을 수 없음
이 한 일컬을 수 없음 제곱이고,

일컬을 수 없음 제곱씩 일컬을 수 없음 제곱이 한 생각할 수 없음이고,

생각할 수 없음씩 생각할 수 없음이 한 생각할 수 없음 제곱이다.

생각할 수 없음 제곱씩 생각할 수 없음 제곱이 한 헤아릴 수 없음이고,

헤아릴 수 없음씩 헤아릴 수 없음이 한 헤아릴 수 없음 제곱이고,

헤아릴 수 없음 제곱씩 헤아릴 수 없음 제곱이 한 말할 수 없음이고,

말할 수 없음씩 말할 수 없음이 한 말할 수 없음 제곱이고,

말할 수 없음 제곱씩 말할 수 없음 제곱이 한 말할 수 없이 말할 수 없음이다.

이는 또 말할 수 없이 말할 수 없음이 한 말할 수 없이 말할 수 없음 제곱이다."

그때에 세존께서 심왕 보살을 위하여 게송을 설하여 말씀하셨다.

말할 수 없이
말할 수 없는 것이
말할 수 없는
일체에 가득하니
말할 수 없는
모든 겁 가운데서
말할 수 없이 말하여도
다할 수 없도다.

말할 수 없는
모든 부처님 세계를
모두 다 부수어서

미진을 만들면
한 티끌 속의 세계
말할 수 없으니
하나와 같이 일체도
모두 이와 같도다.

이 말할 수 없는
모든 부처님 세계를
한 생각에 부순 티끌
말할 수 없고
생각생각 부순 것도
모두 또한 그러하니

모든 말할 수 없는 겁이
항상 그러하도다.

이 티끌에 있는 세계
말할 수 없고
이 세계를 티끌로 만든 것
말하기 더욱 어려워
말할 수 없는
산수의 법으로써
말할 수 없는 겁 동안
이와 같이 세도다.

이 모든 티끌로써
모든 겁을 세는 것이
한 티끌에 십만도
말할 수 없는데
그러한 겁 동안
한 보현을 칭찬하여도
그 공덕의 양을
다할 수 없도다.

하나의
미세한 털끝에
말할 수 없는

모든 보현이 있고
일체 털끝이
모두 또한 그러하여
이와 같이 내지
법계에 두루하도다.

한 털끝에 있는
세계들
그 수효 한량없어
말할 수 없고
온 허공 분량의
모든 털끝에

낱낱 곳의 세계가
모두 이와 같도다.

저 털끝의
모든 국토들
한량없는 종류가
다르게 머무르는데
말할 수 없는
다른 종류의 세계가 있으며
말할 수 없는
같은 종류의 세계가 있도다.

말할 수 없는
털끝에
모두 깨끗한 세계 있음
말할 수 없고
갖가지 장엄도
말할 수 없으며
갖가지 기묘함도
말할 수 없도다.

그 낱낱
털끝에서
말할 수 없는

모든 부처님 명호를 말하며
낱낱 명호에
모든 여래께서 계시는데
다 말할 수 없이
말할 수 없도다.

낱낱 모든 부처님의
몸 위에
말할 수 없는
모든 모공을 나타내며
그 낱낱
모공 속에

온갖 색상을 나타냄이
말할 수 없으며

말할 수 없는
모든 모공에서
모두 광명을 놓음도
말할 수 없으며
저 낱낱
광명 가운데
모두 연꽃을 나타냄도
말할 수 없으며

저 낱낱
연꽃 속에
다 온갖 잎이 있음도
말할 수 없으며
말할 수 없는
연꽃의 온갖 잎 중에
각각 색상을 나타냄도
말할 수 없으며

저 말할 수 없는
모든 색상 속에
다시 온갖 잎을 나타냄도

말할 수 없으며
잎 속의 광명도
말할 수 없으며
광명 속의 색상도
말할 수 없도다.

이 말할 수 없는
색상 가운데
낱낱이 광명을 나타냄도
말할 수 없고
광명 가운데 나타난 달도
말할 수 없으며

달에 다시 나타난 달도
말할 수 없으며

말할 수 없는
모든 달 가운데
낱낱이 나타내는 광명도
말할 수 없고
그 낱낱
광명 속에서
다시 해를 나타냄도
말할 수 없으며

말할 수 없는
모든 해 가운데
낱낱이 나타내는 색상도
말할 수 없고
그 낱낱
모든 색상 속에
또 광명을 나타냄도
말할 수 없으며

저 낱낱
광명 속에서
말할 수 없는

사자좌를 나타내니
낱낱 장엄거리가
말할 수 없고
낱낱 광명도
말할 수 없으며

광명 가운데 미묘한 색이
말할 수 없고
색 가운데 맑은 광명도
말할 수 없으며
그 낱낱
맑은 광명 속에

다시 갖가지
미묘한 광명을 나타내며

이 광명이 다시
갖가지 광명을 나타내니
말할 수 없이
말할 수 없으며
이와 같은
갖가지 광명 속에서
각각 나타낸 미묘한 보배가
수미산 같도다.

날날 광명 속에
나타난 보배가
말할 수 없이
말할 수 없으며
저 수미산 같은
한 미묘한 보배에서
온갖 찰토를 나타냄이
말할 수 없으며

수미산 같은 보배를
남김없이 다하여
나타내 보이는 찰토도

모두 이와 같으며
한 찰토로 가루 내어
티끌을 만드니
한 티끌의 색상이
말할 수 없으며

온갖 세계를 티끌로 만들어
티끌에 있는 상도
말할 수 없이
말할 수 없으니
이와 같은
갖가지 모든 티끌 모양에

모두 내는 광명도
말할 수 없도다.

광명 속에서 나타난 부처님
말할 수 없고
부처님께서 설하신 법문도
말할 수 없고
법문 속의 미묘한 게송도
말할 수 없으며
게송 듣고 얻은 지혜도
말할 수 없으며

말할 수 없는 지해로

생각생각 가운데

참된 진리를 드러냄

말할 수 없으며

미래에 나타나실

일체 부처님

항상 법을 연설하심이

끝까지 다함이 없도다.

낱낱 부처님 법

말할 수 없고

갖가지 청정함도

말할 수 없고
미묘한 음성을 냄도
말할 수 없으며
바른 법륜 굴림도
말할 수 없으며

그 낱낱
법륜 가운데
수다라를 연설함
말할 수 없고
그 낱낱
수다라에서

분별하는 법문도
말할 수 없으며

그 낱낱
법문 가운데
또 모든 법을 설함
말할 수 없고
그 낱낱
모든 법 가운데
중생을 조복함도
말할 수 없도다.

혹은 다시

한 털끝에

말할 수 없는 겁이

항상 안주하며

한 털끝과 같이

나머지도 모두 그러하여

머무른 바 겁의 수효

모두 이와 같도다.

그 마음 걸림 없음

말할 수 없고

변화하신 모든 부처님도

말할 수 없으며

낱낱이 변화하신

모든 여래께서

다시 변화를 나타내심도

말할 수 없도다.

저 부처님의 법신

말할 수 없고

저 부처님의 분신도

말할 수 없고

한량없는 장엄도

말할 수 없으며

시방에 나아감도
말할 수 없도다.

국토에 두루 다님
말할 수 없고
중생을 관찰함도
말할 수 없고
중생을 청정케 함도
말할 수 없으며
중생을 조복함도
말할 수 없도다.

저 모든 장엄

말할 수 없고

저 모든 위신력도

말할 수 없고

저 모든 자재함도

말할 수 없으며

저 모든 신통 변화도

말할 수 없도다.

있는 바 신통

말할 수 없고

있는 바 경계도

말할 수 없고
있는 바 가지함도
말할 수 없으며
세간에 머무르는 바도
말할 수 없도다.

청정한 실상
말할 수 없고
설하신 수다라도
말할 수 없고
저 낱낱
수다라에

연설하신 법문도
말할 수 없으며

저 낱낱
법문 가운데
또 모든 법을 설함도
말할 수 없고
저 낱낱
모든 법 가운데
있는 바 결정도
말할 수 없으며

그 낱낱
결정 가운데
중생을 조복함도
말할 수 없으며
같은 종류의 법도
말할 수 없으며
같은 종류의 마음도
말할 수 없으며

다른 종류의 법도
말할 수 없으며
다른 종류의 마음도

말할 수 없으며
다른 종류의 근기도
말할 수 없으며
다른 종류의 말도
말할 수 없도다.

생각생각
모든 다니는 곳에서
중생들을 조복함
말할 수 없고
있는 바 신통 변화도
말할 수 없으며

있는 바 나타내 보임도
말할 수 없으며

그 가운데 시간과 겁도
말할 수 없고
그 가운데 차별도
말할 수 없음을
보살은 모두 능히 분별하여
말하지만
모든 산수에 밝은 자도
분별하지 못하도다.

한 털끝의

크고 작은 세계와

물들고 청정하고

거칠고 미세한 세계에

이와 같은 일체

말할 수 없음을

낱낱이 명료하게

분별하도다.

한 국토를

부수어 만든 티끌들

그 티끌 한량없어

말할 수 없는데
이와 같은 티끌 수효의
가없는 세계가
모두 와서 한 털끝에
함께 모이었도다.

말할 수 없는
이 모든 국토들이
털끝에 함께 모여도
비좁지 않고
털끝을 커지게 한 것도
아니지만

저 국토들이
함께 와서 모이었도다.

그 가운데 있는 바
모든 국토들
형상이 본래대로
뒤섞여 어지럽지 않고
한 국토가 다른 것에
뒤섞여 어지럽지 않듯이
일체 국토가
모두 이와 같도다.

허공의 경계가
끝없음을
털끝에 모두 펼쳐
가득하게 하여
이와 같은 털끝의
모든 국토를
보살이 한 생각에
모두 능히 말하도다.

한 미세한
모공 가운데
말할 수 없는 세계가

차례로 들어가는데

모공은 저 모든 세계를

능히 받아들이지만

모든 세계는

모공에 두루하지 못하도다.

들어갈 때 겁의 수효

말할 수 없고

받을 때 겁의 수효

말할 수 없으며

여기서 줄지어

편안히 머무를 때에

일체 모든 겁을
능히 말하지 못하도다.

이와 같이 섭수하여
편안히 머무름에
있는 바 경계
말할 수 없고
들어갈 때 방편도
말할 수 없으며
들어가서 짓는 바도
말할 수 없도다.

의근이 명료함

말할 수 없고

모든 방위를 다님도

말할 수 없고

용맹하게 정진함도

말할 수 없으며

자재한 신통 변화도

말할 수 없도다.

있는 바 사유함

말할 수 없고

있는 바 큰 서원도

말할 수 없고

있는 바 경계도

말할 수 없으며

일체 통달함도

말할 수 없도다.

몸의 업이 청정함

말할 수 없고

말의 업이 청정함도

말할 수 없고

뜻의 업이 청정함도

말할 수 없으며

믿고 이해함이 청정함도

말할 수 없도다.

미묘한 지의 청정함

말할 수 없고

미묘한 혜의 청정함도

말할 수 없고

모든 실상을 아는 것도

말할 수 없으며

모든 의혹을 끊는 것도

말할 수 없도다.

생사에서 벗어남
말할 수 없고
바른 자리에 올라감도
말할 수 없고
매우 깊은 삼매도
말할 수 없으며
일체를 밝게 통달함도
말할 수 없도다.

일체 중생
말할 수 없고
일체 부처님 세계도

말할 수 없고

중생의 몸을 아는 것도

말할 수 없으며

그 마음에 즐겨함을 아는 것도

말할 수 없으며

그 업과 과보를 아는 것도

말할 수 없고

그 뜻을 아는 것도

말할 수 없고

그 품류를 아는 것도

말할 수 없으며

그 종성을 아는 것도
말할 수 없도다.

그 받는 몸 아는 것
말할 수 없고
그 태어나는 처소를 아는 것도
말할 수 없고
그 바르게 태어남을 아는 것도
말할 수 없으며
그 태어난 뒤를 아는 것도
말할 수 없도다.

그 이해함을 아는 것

말할 수 없고

그 나아갈 데를 아는 것도

말할 수 없고

그 언어를 아는 것도

말할 수 없으며

그 짓는 업을 아는 것도

말할 수 없도다.

보살이

이와 같은 큰 자비로

일체 모든 세간을

이익하게 하며
그 몸을 널리 나타냄도
말할 수 없으며
모든 부처님 세계에 들어감도
말할 수 없으며

모든 보살들을 보는 것도
말할 수 없으며
지혜를 내는 것도
말할 수 없으며
바른 법을 청하여 묻는 것도
말할 수 없으며

부처님 가르침을 널리 펴는 것도
말할 수 없으며

갖가지 몸을 나타내는 것도
말할 수 없으며
모든 국토에 나아감도
말할 수 없으며
신통을 나타내 보이는 것도
말할 수 없으며
시방에 널리 두루하는 것도
말할 수 없도다.

곳곳마다 몸을 나눔도
말할 수 없으며
모든 부처님을 친근함도
말할 수 없으며
모든 공양거리 마련함도
말할 수 없으며
갖가지 한량없음도
말할 수 없도다.

청정한 온갖 보배도
말할 수 없으며
가장 미묘한 연꽃도

말할 수 없으며

가장 수승한 향과 화만도

말할 수 없으며

여래께 공양올림도

말할 수 없도다.

청정한 신심도

말할 수 없으며

가장 수승한 깨달음도

말할 수 없으며

늘어나는 즐거운 뜻도

말할 수 없으며

모든 부처님을 공경함도
말할 수 없도다.

보시를 닦아 행함도
말할 수 없으며
그 마음 지나간 일도
말할 수 없으며
구함이 있으면 다 보시함도
말할 수 없으며
일체를 모두 보시함도
말할 수 없도다.

지계가 청정함도
말할 수 없으며
마음이 청정함도
말할 수 없으며
모든 부처님을 찬탄함도
말할 수 없으며
바른 법을 좋아함도
말할 수 없도다.

모든 인욕을 성취함도
말할 수 없으며
생멸 없는 법의 인도

말할 수 없으며

적정을 구족함도

말할 수 없으며

적정의 지위에 머무름도

말할 수 없도다.

큰 정진을 일으킴도

말할 수 없으며

그 마음 지나간 일도

말할 수 없으며

물러나지 않는 마음도

말할 수 없으며

흔들리지 않는 마음도
말할 수 없도다.

일체 선정의 창고도
말할 수 없으며
모든 법을 관찰함도
말할 수 없으며
고요히 정에 있음도
말할 수 없으며
모든 선정을 밝게 통달함도
말할 수 없도다.

지혜로 통달함도
말할 수 없으며
삼매에 자재함도
말할 수 없으며
모든 법을 밝게 통달함도
말할 수 없으며
모든 부처님을 분명하게 친견함도
말할 수 없도다.

한량없는 행을 닦음도
말할 수 없으며
광대한 서원을 냄도

말할 수 없으며

매우 깊은 경계도

말할 수 없으며

청정한 법문도

말할 수 없도다.

보살의 법력도

말할 수 없으며

보살의 법에 머무름도

말할 수 없으며

저 모든 바른 생각도

말할 수 없으며

저 모든 법계도
말할 수 없도다.

방편 지혜 닦는 것도
말할 수 없으며
매우 깊은 지혜 배우는 것도
말할 수 없으며
한량없는 지혜도
말할 수 없으며
구경의 지혜도
말할 수 없도다.

저 모든 법의 지혜도
말할 수 없으며
저 깨끗한 법륜도
말할 수 없으며
저 큰 법의 구름도
말할 수 없으며
저 큰 법의 비도
말할 수 없도다.

저 모든 위신력도
말할 수 없으며
저 모든 방편들도

말할 수 없으며

공적한 지혜에 들어감도

말할 수 없으며

생각생각 이어짐도

말할 수 없으며

한량없는 행의 문도

말할 수 없으며

생각생각 항상 머무름도

말할 수 없으며

모든 부처님의 세계바다도

말할 수 없으며

모두 능히 나아감도
말할 수 없으며

모든 세계의 차별함도
말할 수 없으며
갖가지 청정함도
말할 수 없으며
차별한 장엄들도
말할 수 없으며
가없는 색상들도
말할 수 없으며

갖가지 섞인 것도
말할 수 없으며
갖가지 미묘한 아름다움도
말할 수 없으며
청정한 부처님 국토도
말할 수 없으며
뒤섞여 물든 세계도
말할 수 없도다.

중생들을 밝게 아는 것도
말할 수 없으며
그 종성을 아는 것도

말할 수 없으며

그 업보를 아는 것도

말할 수 없으며

그 마음의 행을 아는 것도

말할 수 없으며

그 근성을 아는 것도

말할 수 없으며

그 이해와 욕망을 아는 것도

말할 수 없으며

뒤섞여 물들고 청정함도

말할 수 없으며

관찰하고 조복함도
말할 수 없으며

변화가 자재함도
말할 수 없으며
갖가지 몸을 나타냄도
말할 수 없으며
수행하고 정진함도
말할 수 없으며
중생을 제도하여 해탈시킴도
말할 수 없으며

신통 변화 나타내 보임도
말할 수 없으며
큰 광명 놓음도
말할 수 없으며
갖가지 색상들도
말할 수 없으며
중생들을 깨끗하게 함도
말할 수 없도다.

낱낱 모공도
말할 수 없으며
광명 그물 놓음도

말할 수 없으며

광명 그물에서 색을 나타냄도

말할 수 없으며

부처님 세계를 널리 비춤도

말할 수 없으며

용맹하여 두려움 없음도

말할 수 없으며

방편의 공교함도

말할 수 없으며

중생을 조복함도

말할 수 없으며

생사에서 벗어나게 함도
말할 수 없도다.

청정한 몸의 업도
말할 수 없으며
청정한 말의 업도
말할 수 없으며
가없는 뜻의 업도
말할 수 없으며
수승하고 미묘한 행도
말할 수 없도다.

지혜보배 성취함도
말할 수 없으며
법계에 깊이 들어감도
말할 수 없으며
보살의 총지도
말할 수 없으며
잘 능히 닦고 배움도
말할 수 없도다.

지혜로운 자의 음성도
말할 수 없으며
음성의 청정함도

말할 수 없으며

바른 생각 진실함도

말할 수 없으며

중생들을 깨우침도

말할 수 없도다.

위의를 구족함도

말할 수 없으며

청정하게 수행함도

말할 수 없으며

두려움 없음을 성취함도

말할 수 없으며

세간을 조복함도
말할 수 없도다.

모든 불자 대중들도
말할 수 없으며
청정하고 수승한 행도
말할 수 없으며
모든 부처님을 찬탄함도
말할 수 없으며
끝없이 칭찬함도
말할 수 없으며

세간의 도사도
말할 수 없으며
연설하고 찬란함도
말할 수 없으며
저 모든 보살들도
말할 수 없으며
청정한 공덕도
말할 수 없도다.

저 모든 끝 경계도
말할 수 없으며
그 가운데 능히 머무름도

말할 수 없으며

그 가운데 머무르는 지혜도

말할 수 없으며

모든 겁이 다하도록 머무름도

말할 수 없도다.

모든 부처님을 받들고 좋아함도

말할 수 없으며

지혜가 평등함도

말할 수 없으며

모든 법에 잘 들어감도

말할 수 없으며

법에 걸림 없음도
말할 수 없도다.

삼세가 허공 같음도
말할 수 없으며
삼세의 지혜도
말할 수 없으며
삼세를 밝게 통달함도
말할 수 없으며
지혜에 머무름도
말할 수 없도다.

수승하고 미묘한 행도

말할 수 없으며

한량없는 큰 서원도

말할 수 없으며

청정한 큰 서원도

말할 수 없으며

보리를 성취함도

말할 수 없도다.

모든 부처님의 보리도

말할 수 없으며

지혜를 내는 것도

말할 수 없으며

이치를 분별함도

말할 수 없으며

일체 법을 아는 것도

말할 수 없도다.

부처님 세계 깨끗하게 장엄함도

말할 수 없으며

모든 힘을 닦아 행함도

말할 수 없으며

오랜 시간 닦아 익힘도

말할 수 없으며

한 생각에 깨달음도
말할 수 없도다.

모든 부처님의 자재하심도
말할 수 없으며
바른 법을 널리 펴심도
말할 수 없으며
갖가지 위신력도
말할 수 없으며
세간에 나타내 보이심도
말할 수 없도다.

청정한 법륜도
말할 수 없으며
용맹하게 능히 굴리시는 것도
말할 수 없으며
갖가지로 열어 펴시는 것도
말할 수 없으며
세간을 가엾이 여기심도
말할 수 없도다.

말할 수 없는
일체 겁 동안
말할 수 없는

모든 공덕을 찬탄하되
말할 수 없는 겁은
오히려 다할지라도
말할 수 없는
덕은 다할 수 없도다.

말할 수 없는
모든 여래께서
말할 수 없는
모든 혀로써
부처님의 말할 수 없는
덕을 찬탄하시되

말할 수 없는 겁 동안

다할 수 없도다.

시방에 있는 바

모든 중생들이

일체가 동시에

정각을 이루고

그 가운데 한 부처님께서

말할 수 없는

일체 몸을

널리 능히 나타내시는데

이 말할 수 없는 가운데

한 몸에서

머리를 나타내 보이심이

말할 수 없고

이 말할 수 없는 가운데

한 머리에서

혀를 나타내 보이심도

말할 수 없으며

이 말할 수 없는 가운데

한 혀에서

음성을 나타내 보이심도

말할 수 없고
이 말할 수 없는 가운데
한 음성이
겁을 지내도록 머무르심도
말할 수 없는데

하나와 같이
이와 같은 일체 부처님과
하나와 같이
이와 같은 일체 몸과
하나와 같이
이와 같은 일체 머리와

하나와 같이
이와 같은 일체 혀와

하나와 같이
이와 같은 일체 음성으로
말할 수 없는 겁 동안
항상 부처님을 찬탄하되
말할 수 없는 겁은
오히려 다할지라도
부처님의 공덕을 찬탄함은
다할 수 없도다.

한 미진 가운데

말할 수 없는

연화장 세계들이

능히 모두 있는데

낱낱

연화장 세계 가운데

현수 여래

말할 수 없으며

내지 법계에

모두 두루하여

그 가운데 있는 바

모든 미진에
세계가 이루어지고
머무르고 무너짐이
그 수효가 한량없어
말할 수 없도다.

한 미진 처소의
끝없는 경계에
한량없는 모든 세계가
널리 들어오니
시방의 차별함도
말할 수 없고

세계바다의 분포도
말할 수 없도다.

낱낱 세계 가운데
여래가 계시되
수명과 겁의 수도
말할 수 없고
모든 부처님의 행하시는 바도
말할 수 없으며
매우 깊은 미묘한 법도
말할 수 없으며

신통의 큰 힘도

말할 수 없으며

장애 없는 지혜도

말할 수 없으며

모공에 드는 것도

말할 수 없으며

모공의 인연도

말할 수 없으며

열 가지 힘을 성취함도

말할 수 없으며

보리를 깨달음도

말할 수 없으며
청정 법계에 들어감도
말할 수 없으며
깊은 지혜창고를 얻음도
말할 수 없도다.

갖가지 수량
말할 수 없는데
그와 같은 일체를
모두 밝게 알며
갖가지 형체의 양도
말할 수 없는데

이것을 모두
통달하지 못함이 없으며

갖가지 삼매도
말할 수 없는데
모두 능히 겁을 지내도록
그 가운데 머물러
말할 수 없는
모든 부처님 처소에서
행하는 바가 청정함도
말할 수 없으며

말할 수 없는

걸림 없는 마음을 얻어

시방에 나아감도

말할 수 없으며

위신력을 나타내 보임도

말할 수 없으며

행하는 바 끝없음도

말할 수 없으며

온갖 세계에 나아감도

말할 수 없으며

모든 부처님을 밝게 아는 것도

말할 수 없으며
용맹하게 정진함도
말할 수 없으며
지혜를 통달함도
말할 수 없도다.

법을 행함도 아니고
행하지 않음도 아니니
모든 경계에 들어감도
말할 수 없으며
일컬어 말할 수 없는
모든 큰 겁 동안

시방에 항상 다님도
말할 수 없으며

방편 지혜도
말할 수 없으며
진실한 지혜도
말할 수 없으며
신통한 지혜도
말할 수 없으며
생각생각 나타내 보임도
말할 수 없으며

말할 수 없는
모든 부처님 법을
낱낱이 밝게 아는 것도
말할 수 없으며
능히 일시에
보리를 증득하며
혹은 때때로 증득하여
들어가도다.

털끝의 부처님 세계도
말할 수 없으며
티끌 속의 부처님 세계도

말할 수 없으며
이와 같은 부처님 세계에
모두 나아가
모든 여래를 친견함도
말할 수 없으며

한 실상을 통달함도
말할 수 없으며
부처님 종성에 잘 들어감도
말할 수 없으며
모든 부처님의 국토도
말할 수 없는데

모두 능히 나아가
보리를 이루며

국토와 중생과
그리고 모든 부처님의
자체 성품이 차별함도
말할 수 없으니
이와 같이
삼세가 가없는데
보살은 일체를
다 분명하게 보도다.

대방광불화엄경

제45권

31. 수량품

_____ 은(는)『대방광불화엄경』을
사경하는 인연공덕으로
『화엄경』이 널리 유통되고
우리 모두 다함께 보리 이루기를 발원하옵니다.

대방광불화엄경
제45권

31. 수량품

그때에 심왕 보살마하살이 대중모임 가운데서 모든 보살들에게 말하였다.

"불자들이여, 이 사바 세계 석가모니 부처님 세계의 한 겁이 극락 세계 아미타 부처님 세계에서는 하루 낮 하루 밤이다.

극락 세계의 한 겁이 가사당 세계 금강견 부처님 세계에서 하루 낮 하루 밤이고, 가사당 세계의 한 겁이 불퇴전음성륜 세계 선승광명연화개부 부처님 세계에서 하루 낮 하루 밤이고, 불퇴전음성륜 세계의 한 겁이 이구 세계 법당 부처님 세계에서 하루 낮 하루 밤이고, 이구 세계의 한 겁이 선등 세계 사자 부처님 세계에서 하루 낮 하루 밤이다.

선등 세계의 한 겁이 묘광명 세계

광명장 부처님 세계에서 하루 낮 하루 밤이고, 묘광명 세계의 한 겁이 난초과 세계 법광명연화개부 부처님 세계에서 하루 낮 하루 밤이고, 난초과 세계의 한 겁이 장엄혜 세계 일체신통광명 부처님 세계에서 하루 낮 하루 밤이고, 장엄혜 세계의 한 겁이 경광명 세계 월지 부처님 세계에서 하루 낮 하루 밤이다.

불자들이여, 이와 같이 차례로 내지 백만 아승지 세계를 지나서 최후 세계의 한 겁은 승련화 세계 현승 부

처님 세계의 하루 낮 하루 밤이니,
보현 보살과 모든 함께 수행하는 큰
보살들이 그 가운데 가득하다."

대방광불화엄경
제45권

32. 제보살주처품

──────── 은(는)『대방광불화엄경』을

사경하는 인연공덕으로

『화엄경』이 널리 유통되고

우리 모두 다함께 보리 이루기를 발원하옵니다.

대방광불화엄경

제45권

32. 제보살주처품

그때에 심왕 보살마하살이 대중모임 가운데서 모든 보살들에게 말하였다.

"불자들이여, 동방에 처소가 있으니 이름이 선인산이다. 옛적부터 모든 보살 대중들이 그 가운데 머물렀으며, 지금 있는 보살은 이름이 금강 승이다. 그 권속 모든 보살 대중 삼백 인과 더불어 함께 항상 그 가운데 있으면서 법을 연설한다.

남방에 처소가 있으니 이름이 승봉산이다. 옛적부터 모든 보살 대중들이 그 가운데 머물렀으며, 지금 있는 보살은 이름이 법혜이다. 그 권속 모든 보살 대중 오백 인과 더불어 함께 항상 그 가운데 있으면서 법을 연설한다.

서방에 처소가 있으니 이름이 금강

염산이다. 옛적부터 모든 보살 대중들이 그 가운데 머물렀으며, 지금 있는 보살은 이름이 정진무외행이다. 그 권속 모든 보살 대중 삼백 인과 더불어 함께 항상 그 가운데 있으면서 법을 연설한다.

북방에 처소가 있으니 이름이 향적산이다. 옛적부터 모든 보살 대중들이 그 가운데 머물렀으며, 지금 있는 보살은 이름이 향상이다. 그 권속 모든 보살 대중 삼천 인과 더불어 함께 항상 그 가운데 있으면서 법을 연설한다.

　동북방에 처소가 있으니 이름이 청
량산이다. 옛적부터 모든 보살 대중
들이 그 가운데 머물렀으며, 지금 있
는 보살은 이름이 문수사리이다. 그
권속 모든 보살 대중 일만 인과 더불
어 함께 항상 그 가운데 있으면서 법
을 연설한다.

　바다 가운데 처소가 있으니 이름이
금강산이다. 옛적부터 모든 보살 대
중들이 그 가운데 머물렀으며, 지금
있는 보살은 이름이 법기이다. 그 권

속 모든 보살 대중 천 이백 인과 더불어 함께 항상 그 가운데 있으면서 법을 연설한다.

동남방에 처소가 있으니 이름이 지제산이다. 옛적부터 모든 보살 대중들이 그 가운데 머물렀으며, 지금 있는 보살은 이름이 천관이다. 그 권속 모든 보살 대중 일천 인과 더불어 함께 항상 그 가운데 있으면서 법을 연설한다.

서남방에 처소가 있으니 이름이 광명산이다. 옛적부터 모든 보살 대중들이 그 가운데 머물렀으며, 지금 있는 보살은 이름이 현승이다. 그 권속 모든 보살 대중 삼천 인과 더불어 함께 항상 그 가운데 있으면서 법을 연설한다.

서북방에 처소가 있으니 이름이 향풍산이다. 옛적부터 모든 보살 대중들이 그 가운데 머물렀으며, 지금 있는 보살은 이름이 향광이다. 그 권속 모든 보살 대중 오천 인과 더불어 함께 항상 그 가운데 있으면서 법을 연설한다.

큰 바다 가운데 다시 주처가 있으니 이름이 장엄굴이다. 옛적부터 모든 보살 대중들이 그 가운데 머물렀다.

비사리 남쪽에 한 주처가 있으니 이름이 선주근이다. 옛적부터 모든 보살 대중들이 그 가운데 머물렀다.

마도라성에 한 주처가 있으니 이름이 만족굴이다. 옛적부터 모든 보살 대중들이 그 가운데 머물렀다.

구진나성에 한 주처가 있으니 이름

이 법좌이다. 옛적부터 모든 보살 대중들이 그 가운데 머물렀다.

청정피안성에 한 주처가 있으니 이름이 목진린타굴이다. 옛적부터 모든 보살 대중들이 그 가운데 머물렀다.

마란다국에 한 주처가 있으니 이름이 무애용왕건립이다. 옛적부터 모든 보살 대중들이 그 가운데 머물렀다.

감보차국에 한 주처가 있으니 이름이 출생자이다. 옛적부터 모든 보살 대중들이 그 가운데 머물렀다.

진단국에 한 주처가 있으니 이름이 나라연굴이다. 옛적부터 모든 보살 대중들이 그 가운데 머물렀다.

소륵국에 한 주처가 있으니 이름이 우두산이다. 옛적부터 모든 보살 대중들이 그 가운데 머물렀다.

가섭미라국에 한 주처가 있으니 이름이 차제이다. 옛적부터 모든 보살 대중들이 그 가운데 머물렀다.

증장환희성에 한 주처가 있으니 이름이 존자굴이다. 옛적부터 모든 보살 대중들이 그 가운데 머물렀다.

암부리마국에 한 주처가 있으니 이름이 견억장광명이다. 옛적부터 모든 보살 대중들이 그 가운데 머물렀다.

건다라국에 한 주처가 있으니 이름이 첨바라굴이다. 옛적부터 모든 보살 대중들이 그 가운데 머물렀다.”

〈대방광불화엄경 제45권〉

회
향
송

아차보현수승행
무변승복개회향
보원침익제중생
속왕무량광불찰

시방삼세일체불
제존보살마하살
마하반야바라밀

我此普賢殊勝行

無邊勝福皆迴向

普願沈溺諸眾生

速往無量光佛剎

十方三世一切佛

諸尊菩薩摩訶薩

摩訶般若波羅蜜

大方廣佛華嚴經 — 부록

- 대방광불화엄경 목차

- 간행사

대방광불화엄경
목차

간 행 사

귀의삼보 하옵고,

『대방광불화엄경』의 수지 독송과 유통을 발원하면서 수미정사 불전연구원에서 『독송본 한문·한글역 대방광불화엄경』과 『사경본 한글역 대방광불화엄경』을 편찬하여 간행하게 되었습니다.

『화엄경』은 우리나라에 전래된 이래 일찍부터 사경되고 주석·강설되어 왔으며 근현대에 이르러서는 『화엄경』의 한글 번역과 연구도 부쩍 많이 이루어졌습니다. 그만큼 『화엄경』이 우리 불자님들의 신행과 해탈에 큰 의지처가 되었던 것임을 알 수 있습니다.

『화엄경』을 독송하고 사경하는 공덕은 설법 공덕과 함께 크게 강조되어 왔습니다. 그리하여 수미정사 불전연구원에서도 『화엄경』(80권)을 독송하고 사경하는 데 도움이 되도록 한문 원문과 한글역을 함께 수록한 독송본과 한글역의 사경본 『화엄경』 간행불사를 발원하였습니다. 이 『화엄경』 간행불사에 뜻을 같이하여 적극 후원해주신 스님들과 재가 불자님들께 깊이 감사드립니다. 또한 『화엄경』을 수지 독송할 수 있도록 경책의 모습으로 장엄해 주신 편집위원들과 담앤북스 출판사 관계자들께도 고마움을 표합니다.

끝으로 이 불사의 원만 회향으로 『화엄경』이 널리 유통되고, 온 법계에 부처님의 가피가 충만하시길 기원드립니다.

나무 대방광불화엄경

불기 2564년 '부처님오신날'을 봉축하며
수미해주 합장

위태천신(동진보살)

수미해주 須彌海住

호거산 운문사에서 성관 스님을 은사로 출가, 석암 대화상을 계사로 사미니계 수계, 월하 전계사를 계사로 비구니계 수계, 계룡산 동학사 전문강원 졸업, 동국대학교 불교대학 및 동 대학원 졸업, 철학박사, 가산지관 대종사에게서 전강, 동국대학교 불교대학 교수, 동학승가대학 학장 및 화엄학림 학림장, 중앙승가대학교 법인이사 역임.
(현) 수미정사 주지, 동국대학교 명예교수.
저·역서로『의상화엄사상사연구』, 『화엄의 세계』, 『정선 원효』, 『정선 화엄1』, 『정선 지눌』, 『법계도기총수록』, 『해주스님의 법성게 강설』 등 다수.

사경본 한글역
대방광불화엄경 제45권

| 초판 1쇄 발행_ 2024년 6월 24일

| 엮은이_ 수미해주
| 엮은곳_ 수미정사 불전연구원
| 편집위원_ 해주 수정 경진 선초 정천 석도 박보람 최원섭
| 편집보_ 무이 무진 지욱 혜명

| 펴낸이_ 오세룡
| 펴낸곳_ 담앤북스
　　　　　서울특별시 종로구 새문안로3길 23 경희궁의 아침 4단지 805호
　　　　　대표전화 02)765-1251　전자우편 dhamenbooks@naver.com
　　　　　출판등록 제300-2011-115호
| ISBN_　979-11-6201-471-4　04220